PÈLERINAGE

A

NOTRE-DAME-DE-LAVAL,

Par les Habitants d'Alais, le 5 octobre 1854.

Dédié à M. HÉBRARD, *Curé d'Alais.*

A ALAIS,

Chez Mme Ve VEIRUN, imprimeur-libraire, Grand'rue.
Chez Mme MARTIN, imprimeur-libraire, Grand'rue.
Et chez Mme MALIGNON, libraire, basse place Saint-Jean.

1854

7
Lk 3614

Alais, imprimerie de Mme veuve VEIRUN.

On comprendra la pensée qui nous fait publier cette relation. Dans l'action de grâces accomplie le 5 octobre, il ne s'agit pas d'une cérémonie ordinaire, ou seulement d'un de ces actes de piété qui remplissent le cercle d'une vie chrétienne. C'est un acte éclatant de foi et de piété publique; c'est un de ces évènements destinés à prendre place dans les traditions populaires et dans les annales d'une cité. Le pèlerinage de Laval, en effet, se rattachera éternellement au souvenir d'une grande calamité prête à fondre sur la ville d'Alais, et qui a été arrêtée à ses portes par une grâce visible de la Mère de Miséricorde.

Les traditions que le sentiment religieux consacre sont toujours les plus fortes et les plus populaires. Plus heureuse qu'en 1720, lors de la peste de Marseille, notre ville s'est sentie soulagée de ses terreurs en se jetant, à la voix de son pasteur, dans les bras de Marie.

Ce souvenir vivra à jamais dans la mémoire de toutes les familles catholiques; elles nous sauront gré de la publication de ce modeste recueil, où nous avons réuni, à côté de la belle et touchante allocution de M. le Curé d'Alais, ce qui était le plus propre à donner satisfaction à leurs sentiments de piété.

Toutes voudront se procurer cette Relation et la conserver dans leurs papiers de famille, car ce ne sera pas seulement de leur part un acte de piété domestique, utile aux générations qui viendront, mais une nouvelle manière d'honorer Marie et de la remercier de ses grâces. C'est aux pauvres, en effet, que le produit de cette publication est destiné par les imprimeries Veirun et Martin, réunies pour cette œuvre commune, comme elles vont l'être pour éditer à l'avenir un seul journal dans l'arrondissement.

PÈLERINAGE

A

NOTRE-DAME-DE-LAVAL.

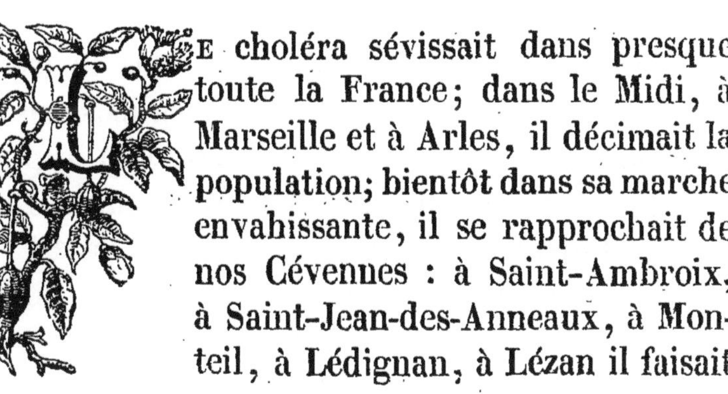

Le choléra sévissait dans presque toute la France; dans le Midi, à Marseille et à Arles, il décimait la population; bientôt dans sa marche envahissante, il se rapprochait de nos Cévennes : à Saint-Ambroix, à Saint-Jean-des-Anneaux, à Monteil, à Lédignan, à Lézan il faisait de nombreuses victimes; il nous cernait; il frappait aux portes d'Alais; il s'était introduit même dans notre ville à la poursuite des infortunés sur lesquels il avait jeté ses serres à l'extérieur : il allait s'établir chez nous sans qu'il fût au pouvoir d'aucune force humaine de repousser le fléau, lorsque le Curé de la paroisse d'Alais, animé d'une foi indomptable et n'écoutant que les élans de son cœur paternel, s'adresse à la Mère du Christ. Il fait le vœu d'aller avec ses ouailles à Notre-Dame-de-Laval, si le fléau dévastateur s'éloigne de nous. A cette invocation la Vierge sainte a tressailli et le fléau est conjuré. C'était donc maintenant à la paroisse d'accomplir le vœu qu'avait formé pour elle son pasteur; c'était à elle à montrer sa reconnaissance pour une protection aussi évidente de la Mère de Dieu : elle vient de le faire avec une imposante solennité.

Jeudi dernier, 5 octobre, à trois heures et demie du matin, les cloches des églises sonnent à toute volée pendant que le tambour rappelle la brave compagnie des sapeurs-pompiers : en peu d'instants la population entière est sur pied; les rues, les places se couvrent de fidèles; la cathédrale inondée de lumière s'emplit. Après la messe, la procession qui doit porter en hommage, à Notre-Dame-de-Laval, la statue qui lui a été promise, s'organise avec un empressement et un enthousiasme impossibles à décrire et s'étend du sacré parvis sur la route qu'elle doit suivre pour arriver à sa station. M. le Sous-Préfet, M. le Maire, M. le premier Adjoint, les membres du Conseil municipal sont remarqués dans cet immense cortège que la foule, accourant des villages voisins et descendant des collines environnantes, vient incessamment grossir dans son trajet; de partout des caravanes de pèlerins arrivent au point du jour, et lorsque le soleil se lève à l'horizon sans nuage, cet astre éclaire l'un des plus imposants spectacles qu'il ait été donné à l'homme de contempler : les prodiges de la foi que le sceptique est assez malheureux pour méconnaître.

Quiconque s'est trouvé sur la crête qui sépare le Valgalgues du vallon de Laval, a dû être assailli d'émotions indéfinissables. Devant lui, sous la gaze azurée des vapeurs matinales, surgissent les montagnes éclairées par le soleil, et, dans leur encadrement, le paysage se déploie, là-bas avec sa verdure fluviale, ici avec sa parure agreste et sévère. Du fond de la vallée dont la pente rampe jusqu'au Mas-Dieu, s'élève et monte vers le ciel un immense concert de louanges;

*

les échos répètent des cantiques sacrés, les fanfares font retentir les montagnes de leurs harmonies : c'est la procession, qui, sur une longueur dont l'œil peut à peine mesurer l'étendue, s'avance et chemine à flots pressés : plus de dix mille âmes la composent; dans ses rangs sont confondues des personnes de toutes positions et de tous âges, des enfants et des vieillards, des jeunes gens et des hommes mûrs; les jeunes filles vêtues de blanc ouvrent la marche; les bannières flottent au vent, les casques et les fusils étincellent; le soleil semble embrasser de ses rayons, avec amour, la statue de la Vierge que le clergé fait porter en triomphe au-devant de lui. Mais elle est arrivée au hameau du Mas-Dieu, en face du vallon bien étroit mais aussi bien pittoresque de Laval, raviné par les eaux, calciné par une température insolite et laissant voir, pour contraster avec son ton sévère, par une déchirure de son enceinte, un pli, un éclat de la vallée verdoyante du Gardon. Là les cloches des villages d'alentour mêlent leurs sons argentins aux chants religieux, et la procession encore accrue des fidèles qui l'y attendaient verse ses flots sur les sentiers qui conduisent à la station.

L'église de Notre-Dame de Laval est au fond

du vallon, au pied d'une montagne recouverte de chênes-verts. Sur la croupe de cette montagne, à quelques mètres de distance de l'église, au milieu des arbres un autel était dressé sous un dais de pourpre. La procession l'enveloppe pour assister au service divin; un silence profond se fait subitement, au milieu de cette foule innombrable; la nature elle-même semble s'humilier devant son Créateur; des flots d'encens s'élèvent en spirales parfumées.... Qui pourrait rendre, en un langage humain, tout ce qu'il y avait de grand et de sublime dans l'aspect de ces chrétiens recueillis, à genoux, sous la voûte du Ciel, devant le Dieu de l'univers invisible, partout et partout présent; qui pourrait jamais dire ce qu'offrait de touchant le spectacle de ces fronts courbés à la voix du prêtre, présentant leur offrande au Tout-Puissant! Qui pourrait dire enfin l'effet saisissant de l'allocution de M. le Curé d'Alais, que nous avons le bonheur de reproduire plus loin en son entier. Et lorsque le service divin a été terminé, quelle joie, quel bonheur se peignait sur tous les visages! Personne ne semblait ressentir les fatigues que lui avait fait éprouver un trajet de plus de deux lieues, par une route poudreuse, sur des sentiers ardus, pierreux, sous un soleil graduellement devenu brûlant : l'enthousiasme était si grand que la perspective de la même route à parcourir, des mêmes fatigues à endurer, se transformait en plaisir. Des femmes avaient voulu faire le pèlerinage pieds-nus; elles auraient cru commettre un sacrilège à prendre leurs chaussures.

Les vêpres ont été chantées à Notre-Dame de Laval, dans cette chapelle que la Vierge semble affectionner particulièrement. Mais le soleil baissait déjà à l'horizon; la procession a dû revenir vers la cité, rentrer dans cette même église d'où elle était partie le matin et où elle aurait, après le devoir rempli, à s'agenouiller encore et dire à Dieu : Je suis allée, je me suis prosternée, j'ai fait tout ce que la nature humaine pouvait faire pour vous rendre hommage, pour augmenter votre gloire en ce monde, pour propager votre règne, bénissez-moi! Je suis couverte de poussière, j'ai les membres endoloris : bénissez-moi et ma douleur s'apaisera, et mon cœur sera joyeux et mon âme sera inondée de délices! Et le Pasteur plein de joie à son tour, fier de la piété de ses paroissiens prosternés sur les dalles de l'église, a levé ses mains pour appeler sur eux les bénédictions du Ciel!...

Le cœur du digne, du vénérable Curé de la paroisse débordait de sentiments paternels.

Dans son ravissement, le Pasteur a encore trouvé en lui assez de forces pour s'élever jusqu'à la chaire et, de là, témoigner à son troupeau, dans des phrases palpitantes d'affection, le bonheur qu'il éprouvait de leur appartenir, le désir qui l'animait de leur sacrifier sa vie. Si je mourais dans cette circonstance, leur a-t-il dit, on pourrait inscrire avec vérité sur ma tombe : *Il est mort de bonheur!*

Oui, redirons-nous avec lui : Alais a donné à la France un magnifique exemple et la journée de jeudi comptera dans ses annales.

A cette occasion une médaille a été frappée. Elle porte sur une de ses faces l'image de la Vierge Immaculée; sur l'autre cette suscription :

A MARIE
LA PAROISSE
D'ALAIS
PRÉSERVÉE
DU CHOLÉRA
1854.

Avec cette exergue :

SOUVENIR DU PÈLERINAGE A NOTRE-DAME-DE-LAVAL. *M. Hébrard, curé.*

Le souvenir de cette journée durera encore plus dans la mémoire des hommes que sur les faces de la médaille qui le doit porter à la postérité. Nous mourrons, disait à côté de nous une femme du peuple, en conduisant son fils par la main, mais nos enfants vivront après nous et rediront à leurs enfants le spectacle sublime auquel ils ont assisté.

Après que la messe a été célébrée à Notre-Dame-de-Laval, M. le Curé Hébrard, placé au pied de l'autel, s'est exprimé en ces termes :

Je rendrai mes vœux au Seigneur en présence de ceux qui le craignent.
(Ps. 21, v. 17.)

Mes Frères,

Ils ont donc été exaucés, ces vœux ardents, adressés au ciel sous les auspices de la Sainte Vierge, et sortis de mon cœur au moment où le choléra dans sa fureur sévissait de toute part, couvrait de deuil la France, l'Italie, l'Europe entière, décimait des populations voisines et venait même d'emporter quatre de nos concitoyens.

En présence d'un danger si imminent, qui glaçait tous

les cœurs, vous sentîtes, comme moi, le besoin de lever au ciel des mains suppliantes, vous unîtes dans la ferveur de votre âme vos vœux à mes vœux, et, aux pieds du saint autel, nous fîmes ensemble la promesse solennelle, si Dieu nous exauçait, d'aller en pèlerinage au sanctuaire de Notre-Dame-de-Laval. Marie, cette *Mère de miséricorde*, que nous invoquâmes à l'envi, (oh! que j'aime à le dire!) se laissa toucher aux supplications du pasteur et du troupeau et nous couvrit de sa puissante protection. Elle présenta nos vœux à son Fils, et aussitôt, ô prodige! son divin Fils arrêta le bras du terrible fléau! Depuis lors, pas un d'entre nous n'a été frappé; et, tandis que tous les jours il étendait ses sanglants ravages, notre chère cité n'a pas cessé un instant d'être à l'abri de ses coups. Quel bienfait! quelle reconnaissance pourrait l'égaler! et quelle serait notre ingratitude si nous l'ensevelissions dans l'oubli!

Qu'on ne vienne pas nous dire que le feu de nos forges nous a sauvés du choléra. N'aviez-vous pas les mêmes forges en 1835? Et cependant n'eûtes-vous pas alors bien des pertes douloureuses à déplorer? Saint-Etienne, qui possède aussi des hauts-fourneaux, a-t-il été respecté, comme Alais, par l'épidémie? A Marseille et à Toulon il y a beaucoup d'usines avec des bouches à feu et beaucoup de vaisseaux avec des colonnes de vapeur. Eh bien! ces deux villes n'ont-elles pas été, hélas! horriblement ravagées?

Non, ce n'est point par une influence naturelle, mais par une protection spéciale de la Mère de Dieu, que nous avons été préservés du fléau dévastateur. Nous l'avons invoquée (répétons-le) avec une entière confiance, et étendant sur nous une main tutélaire, elle nous a arrachés à la mort. Tombons donc à ses pieds, rendons-lui d'éclatantes actions de grâces, chantons des hymnes à sa gloire, portons jusques aux cieux l'expression de notre reconnaissance, éternisons la mémoire d'un si heureux évènement, gravons-le sur le bronze et sur le marbre, et par des monuments impérissables faisons-le parvenir jusqu'à nos derniers neveux. Et, en l'apprenant, nos neveux reconnaîtront qu'avant de naître ils furent avec nous préservés de la mort. Héritiers du bienfait du ciel et des sentiments de nos cœurs, ils remercieront à leur tour, ils exalteront la divine Marie; et dans le cours des âges, on les entendra chanter ses louanges et répéter ce cri de foi et d'amour qui sort en ce moment de nos poitrines : *Reconnaissance à Marie! Honneur à Marie! Dévotion à Marie!* Ainsi traverseront les temps, les sentiments de piété que vous faites éclater aujourd'hui. Pensée consolante! Vous ne serez plus, et dans la personne de vos neveux, vous honorerez, vous remercierez, dans la suite des siècles, votre auguste Bienfaitrice.

Il vous tardait, mes frères, d'accomplir votre vœu. Nous voici enfin autour de ce sanctuaire vénéré, trop étroit pour renfermer tant de monde. Car que vois-je? Un grand, un émouvant spectacle, que je ne puis décrire, mais seulement admirer. Ces dix mille fervents pèlerins, à la tête desquels brillent, avec leurs insignes honorables, nos autorités, nos magistrats, si dignes de respect; ces têtes recueillies que je vois s'élever en amphithéâtre sur les flancs de ces côteaux; cette joie pure peinte sur tous les fronts; ce ciel splendide qui semble s'être incliné sur les collines environnantes pour servir de voûte à cette profonde solitude; ces chants mélodieux qui semblent répondre aux concerts des anges; cette musique dont les sons éclatants sont répétés par les échos d'alentour; ces braves pompiers dont le casque réflète les rayons du soleil; ces pénitents brillants de blancheur; ces pieuses confréries d'hommes, de femmes et de jeunes vierges avec leurs bannières flottantes dans les airs; tout cela me ravit, m'enchante et me fait éprouver de délicieuses émotions.

Vierge glorieuse! du haut de votre trône, au-dessus duquel est Dieu seul et au-dessous le monde entier, abaissez un regard de complaisance sur ce touchant spectacle et permettez que nous vous fassions hommage de nos cœurs reconnaissants. Jamais, non jamais, nous n'oublierons que nous vous devons la vie; et toujours, oui toujours, nous vous donnerons, après Dieu, la première place dans notre cœur et nous aimerons à publier vos bienfaits, à bénir votre nom, à louer vos grandeurs et à célébrer votre gloire.

Mais ne cessez pas de nous protéger. Le monde où nous vivons est une mer orageuse, semée d'écueils; à chaque pas *nous sommes exposés au danger de faire naufrage et de perdre une éternité de bonheur.* C'est surtout contre ce grave danger que nous implorons votre secours. *Montrez donc*, *montrez que vous êtes notre mère*, défendez-nous, assistez-nous, intercédez pour nous, et nous sortirons purs des dangers et victorieux des combats, et nous triompherons du démon et du monde, et nous vaincrons nos passions, et nous règnerons sur nous-mêmes, et nous ferons la conquête du Ciel.

BIBLIOTHÈQUE NATIONALE IMPR.

MERCI !

—

A NOTRE-DAME-DE-LAVAL.

5 octobre 1854.

I.

L'ombre régnait encor — aux échos des vallées
Du peuple Alaisien les ondes déroulées,
Pour vous bénir, Reine des cieux,
Jetaient déjà ce cantique pieux :

—

« A vous merci, vous dont le patronage
» Loin de nos murs a détourné l'orage
» Si près de nous à tant d'autres fatal !
» De notre vœu, Reine, voici le gage,
» A votre autel notre pèlerinage
» S'en vient offrir cette nouvelle image,
» Notre-Dame-de-Laval !

—

» Un mal affreux fond sur la terre
» La désolant de sa fureur,

» L'air empesté (sombre mystère!)
» Sert la colère du Seigneur...
» Mais le cri de notre détresse
» Jusques à vous sera monté,
» Car, la tempête vengeresse
» Respecte encor notre cité!

—

Et toujours grossissant dans sa course lointaine
Comme un fleuve enrichi de l'onde riveraine,
Pour vous bénir, Reine des cieux,
La foule répétait ce cantique pieux :

—

» A vous merci, vous dont le patronage
» Loin de nos murs a détourné l'orage
» Si près de nous à tant d'autres fatal!
» De notre vœu, Reine, voici le gage
» A votre autel notre pèlerinage
» S'en vient offrir cette nouvelle image,
» Notre-Dame-de-Laval!

II.

Mais l'aurore a déjà fait pâlir les étoiles,
Et bientôt le soleil éclaire radieux,
Armes, habits de lin, croix, bannières, longs voiles,
Et parmi les reflets du cuivre harmonieux,
Le buste qui s'allume aux rayons glorieux.

—

Vierge, des pèlerins soutenez le courage!
Aux femmes, aux enfants, bien long est le voyage,
Bien rude est le chemin qui monte devant nous!

Puis, les bras sont chargés de la lourde pitance
Qu'il a fallu porter pour tout un jour d'absence,
Guidez-nous sans encombre au sacré rendez-vous!

—

Oh! soutenez surtout cette intrépide mère
De six enfants perdus portant le dernier frère,
Bravant de son pied nu ronce, caillou tranchant,
Bravant soleils et vents, maternité prochaine,
Pour venir à vos pieds, ô vous, Mère, ô vous, Reine,
Vous demander les jours de son chétif enfant.

III.

Sur les quatre versants dont le bassin enserre,
Au fond du val béni, ce petit sanctuaire
Où la pente rapide avait guidé leurs pas, —
Voyez-les s'élever en longues serpentines,
Se suspendre aux rochers, aux arbres, aux racines,
Ruche immense, où le miel divin ne faillit pas!

—

De l'occidentale colline
L'autel improvisé domine,
Etagés sur les monts, dix mille pèlerins;
Il vient de recevoir la Vierge étincelante
Que la dévotion, remplissant notre attente,
Bientôt saura parer d'ornements souverains.

Ceux qu'aux mystères saints leur habit associe, —
Les premiers magistrats, — la blanche confrérie, —
Ces soldats dont le bras arrête l'incendie, —
La fanfare civique, — et les vierges en chœur, —
Ont entouré l'autel de leur garde d'honneur.

Mais le prêtre s'avance
Qui va prier pour tous;
Les chants ont fait silence,
Et tout tombe à genoux...

—

Soleil, éclairas-tu jamais plus beau spectacle?
O vous, qui jouissez des divines splendeurs,
Voyez, anges, voyez ces terrestres ardeurs,
Est-il plus douce fête au céleste cénacle?
Entendez, entendez jusqu'à votre horizon
De tous ces fronts courbés que la fatigue épuise,
La fervente oraison
Monter en chaude brise;
Si votre doux regard pouvait être étonné
C'était par ces Chrétiens! Ils ont abandonné,
Riches, les doux loisirs — ouvriers, le salaire,
Pour venir acquitter, dans le sein d'une mère,
La dette de l'amour! entendez ces concerts,
Ils célèbrent le Dieu qui daigne ici descendre,
Le Dieu qui, par Marie, a bien voulu reprendre
L'arrêt dont sa justice allait charger les airs!...
Leur prière a voulu partir de la montagne
Pour que plus vite au Ciel votre aile l'accompagne,
Au Ciel dont les parvis pour eux se sont rouverts!

. . . .

IV.

De la puissante voix qui vient bénir leur zèle,
Au champêtre banquet le Pasteur les appelle;
Les paniers sont ouverts, et tous, sous l'œil de Dieu,
Mêlent à leur repas l'eau pure de ce lieu;

L'appétit l'assaisonne, et d'une douce joie
L'échange fraternel longuement se déploie.

V.

La deuxième heure au temps est près de s'enfuir. —
Grande ombre de David, hâte-toi d'accourir!
De ces dix mille voix la tonnante harmonie
Jette à l'écho du val l'œuvre de ton génie
— Ou plutôt de ton cœur, — qui ne saurait périr!
En vain dans la tombe royale
S'endormit sous ta main ta harpe colossale;
Le monde a retenu, depuis qu'elle vibra,
Ces accents de l'amour, ces sublimes cantiques
Que le Dieu trois fois Saint trouve assez magnifiques
Pour en faire à son nom le terrestre *hosanna!*
Entends ce peuple entier dont la voix les répète,
Que son enthousiasme en est bien l'interprète!
Oh! tressaille d'orgueil! ton inspiration
N'a jamais ici-bas trouvé d'autre rivale
Que l'allégresse triomphale
De la fille des rois, honneur de ta maison,
Exaltant le Seigneur qui visitait Sion!
Ecoute maintenant, en douce psalmodie,
Le salut qu'adressa Gabriel à Marie;
On y joint la prière, et, par cinquante fois,
Son retour a couru sous la feuille des bois.

VI.

O Reine, permettez, car l'heure en est venue,
De descendre en son lieu votre belle statue,
La chapelle du val à son autel l'attend.

Vous, habiles porteurs, pour affronter la pente,
Comme à l'ascension, mesurez votre entente,
Nos vœux vous soutiendront, la Vierge les entend.

VII.

Elle est là, sous l'abri de l'asile rustique
Où des siècles entiers elle va demeurer,
Où tant de malheureux la viendront implorer
De leur ardente supplique....

—

Et les vierges chantaient
Et tous les pèlerins en leur cœur répétaient :
« Nous voici tous à vos genoux, Marie,
» Votre bonté protégea notre vie,
» Mais nous venons vous demander bien plus :
» Avec nos corps, daignez sauver nos âmes !
» Préservez-les des éternelles flammes,
» Et donnez-leur le séjour des élus !. »

VIII.

Les ombres s'allongeaient, la route était reprise,
Et bientôt, à Laval, les soupirs de la brise
N'apportaient qu'en lambeaux les cantiques pieux...
Sur ces lieux descendaient la paix et le silence,
Et l'ange qui du val a fait sa résidence
Veillait seul à l'autel de la reine des cieux...

IX.

Des pèlerins guettés par le sonneur fidèle
Qui, dans sa haute tour, s'était fait sentinelle,
L'éclatant carillon signale le retour!
Leur chant vient se mêler à la chute du jour,
Les voici! leur courage a fourni la carrière,

Les voici ! tout couverts d'une noble poussière,
Souriant sous la poudre, et bien légers de cœur !
Car, ce jour fatiguant leur révèle un bonheur :
Du tribut acquitté de la reconnaissance
Leur âme goûte en paix la douce jouissance !...
Au temple ils vont chercher la bénédiction
De ce dieu qu'apaisa la vierge de Sion...

X.

L'encens avait fumé. — De la dalle sonore
La foule s'écoulait tout palpitante encore
Sous ce touchant adieu du vénéré pasteur :
« Alaisiens, ce jour fut si cher à mon cœur,
« Que si prochainement Dieu veut que je succombe,
« Vous pourrez graver sur ma tombe :
« *Il est mort de bonheur!!!* »

. . . .
. . . .

Dimanche 8 octobre 1854.

BIBLIOTHÈQUE IMPÉRIALE

XI.

La soif des saintes eaux n'était point assouvie...
De tardifs pèlerins que les soins de la vie
Dans nos murs, loin du val, avaient dû retenir,
Dès l'aurore entamaient le saint pèlerinage
Où, dans les jours d'orage,
La foi va convier les fils de l'avenir.

FIN.

www.ingramcontent.com/pod-product-compliance
Ingram Content Group UK Ltd.
Pitfield, Milton Keynes, MK11 3LW, UK
UKHW012130240726
13965UKWH00005B/2088

9 782013 043267